AF454497

CONCILIATION INTERNATIONALE

Les Femmes et la Paix

PAR

M. D'ESTOURNELLES DE CONSTANT

N° 8 — AOUT

DELAGRAVE, ÉDITEUR, PARIS

1910

Les Femmes et la Paix[1]

*** * ***

Bien des gens, toujours et partout les mêmes, s'inquiètent des progrès de l'agitation féministe ; ils n'en voient que le désordre ; c'est une nouveauté de plus qui les choque ; ils en parlent avec autant de dédain qu'on parlait, il y a quarante ans, des réformes sociales, de la musique de l'avenir, ou de la direction des ballons ; laissons dire ; les rieurs changeront bientôt de côté ; défendre la femme c'est servir la paix ; c'est faire acte de discipline volontaire ; le plus fort s'incline devant le plus faible ; l'homme grandit et se civilise à mesure qu'il est moins brutal et dominateur ; il n'y a pas deux bontés ; celui qui est cruel pour les animaux est sans pitié pour l'enfant, pour la

(1) Cet article est le résumé des conférences que M. d'Estournelles de Constant a faites sur ce sujet à l'Université populaire du faubourg Saint-Antoine et aux Sociétés Savantes à Paris ; il a paru à Berlin, en français, dans le *Journal d'Allemagne* et en allemand dans le *Berliner Tageblatt.*

femme, pour le peuple, pour son voisin ; tout cela se tient ; aucune sécurité intérieure et extérieure n'existe pour un pays où la violence règne.

La violence voilà l'ennemi ! C'est ce que l'Humanité commence à comprendre, à travers mille contradictions inévitables ; elle favorise toute campagne contre la violence, contre les abus de pouvoir ; elle est du côté des victimes ; c'est son avenir qui est en cause ; elle s'éveille ; la vapeur et l'électricité mettent en communication sur toute la terre des millions et des millions d'isolés qui désespéraient et qui, maintenant, se soutiennent, se passent un mot d'ordre, concertent des plans d'action ; les faibles, en un mot, se sentant les plus nombreux, deviennent les plus forts et, en attendant, s'organisent pour se défendre. C'est un grand progrès.

Il est urgent que la femme soit affranchie, dans l'intérêt de l'homme, car c'est lui que la domination dégrade le plus. « La servitude abaisse les âmes jusqu'à s'en faire aimer » surtout par le maître. Toutes les traditions d'exploitation se résument et se réfugient dans la domination de la femme.

A mesure que l'homme renonce à ces traditions, la femme respire et la Société s'améliore. L'émancipation de la femme a suivi la marche du soleil et de la civilisation. En Extrême-Orient, les Chinois, lui mutilant les pieds, la réduisaient à l'état de meuble ; en Orient, elle vivait voilée, cachée, plus emprisonnée qu'un oiseau en cage. Ces mœurs barbares s'atténuent; on m'assure qu'un Japonais ne battra jamais une femme mais, en Turquie d'Europe, j'ai vu les femmes chargées de marchandises, former caravane avec les chevaux, comme les esclaves du Soudan. En France, la vraie femme française, bien différente des phénomènes décrits par quelques-uns de nos romanciers, semble mettre son point d'honneur à cacher son mérite; elle disparaît dans le rayonnement de son mari, de son père, de son fils; elle est effacée; elle ne réclame rien, elle travaille; ne vous avisez pas de la plaindre quand on la malmène, elle vous répondrait encore aujourd'hui : « Et s'il me plaît à moi d'être battue! »

Le résultat est que cet incomparable dévouement mal exploité dégénère en une sorte d'égoïsme familial où la femme se voue toute entière au bien-être de son entourage, mais finalement compromet l'avenir de sa maison, au détriment de son sexe et du bien public; en dehors de sa famille, où elle s'impose, mais où sa sollicitude va jusqu'à réduire au-dessous du minimum le nombre des enfants, peu lui importe que l'Etat maltraite la femme en général; elle ne sort pas de chez elle, elle ne voit pas qu'en se désintéressant de la liberté d'autrui elle abdique la sienne; subalternisée par les mœurs et par les lois du pays, il lui suffit qu'on la salue dans la Société et qu'on la respecte à domicile.

En Angleterre, la femme est plus exigeante; elle se soucie peu du salut; mais elle obtient plus de considération, tout au moins dans la classe moyenne et dans l'aristocratie. En Amérique et dans les colonies Anglaises sa revanche est complète. Dans un pays d'immigration la femme s'élève par la liberté, par le seul exercice de sa pleine responsabilité, bien au-dessus de sa condition antérieure; elle disparaîtrait si elle n'était pas protégée avec la dernière énergie par l'intérêt général contre la bestialité des mœurs; elle est le souvenir de la patrie absente, des ancêtres, du foyer abandonné; elle est l'espoir d'une nouvelle famille, le bon génie, le salut, sans parler du charme ; rien d'étonnant, dès lors, à ce qu'elle renverse la domination à son profit et au profit de l'enfant. J'ai vu, en l'espace de peu d'années, de grands progrès réalisés en Amérique au bénéfice de l'éducation de la femme, de l'enfant et, par conséquent, de la paix. Tout est subordonné, quoi qu'on en dise, à cette œuvre primordiale. La femme règne sur le mari, l'enfant règne sur le ménage. Le changement est bien marqué par ce mot charmant d'un grand père américain : invité à dîner dans l'intimité, on lui offre un morceau de poulet en lui demandant : « Aimez-vous l'aile? » Il répond : « Je n'en ai jamais goûté; quand j'étais jeune, nous la laissions à nos parents; aujourd'hui nous la réservons aux enfants. » Ces enfants, gâtés ou non, sont des êtres libres; ils me sont apparus à New-York, dans un meeting inoubliable où il me fut donné de leur parler, comme les bénéficiaires de la générosité de leurs ancêtres; l'émancipation des nègres a servi peut-être plus les libérateurs que les affranchis.

Même évolution dans les pays Scandinaves où les esprits se sont élevés en proportion des libertés qu'ils ont consenties. En Russie, et par là dans tout le Monde intellectuel, l'œuvre de Tolstoï aboutit avec « Résurrection » au plus émouvant plaidoyer en faveur de la femme, en même temps que la littérature et l'art russes, l'âme russe, se résument en une protestation en faveur de la Justice et contre la Guerre.

Je n'ose pas me prononcer sur l'Allemagne, de peur d'être injuste; il me semble que l'Allemagne est très supérieure à ce que les étrangers peuvent voir de ses mœurs; là aussi la femme s'efface à l'excès, mais il me semble que les enfants, beaucoup plus nombreux, en tous cas, y sont moins gâtés et plus respectés qu'en France, et qu'on y pratique mieux que chez nous le vieil adage fondamental : *Maxima debetur pueris reverentia.*

Mais combien il est difficile de juger l'Allemagne sous l'uniforme du militarisme! Je me demande souvent ce que Beethoven penserait de notre temps et comment le même peuple dont il a chanté l'âme d'une douceur presque surhumaine a pu se caporaliser ainsi; là, comme en France, les femmes sont les premières coupables, étant les premières à chercher un maître, et, par suite, à préférer le brillant « militaire » à l'humble « civil »; le Gouvernement compte si bien, dit-on, sur cette préférence qu'il la fait entrer dans le calcul de son budget; il doit économiser des millions chaque année sur la nourriture de l'armée, s'il est vrai, comme les mauvaises langues le prétendent, que chaque cuisinière nourrit son soldat !....

Il y a donc beaucoup à faire pour élever la condition de la femme dans notre vieille Europe; le proverbe hollandais marque assez bien l'humble place qu'elle occupe encore quand il dit : « Chacun doit choisir lui-même sa pomme de terre et sa femme. »

.˙.

Que la femme soit faible, cela ne suffit pas cependant à expliquer qu'elle soit exploitée; l'homme n'est pas si lâche, ou, tout au moins, la femme a des armes autrement puissantes que la force à lui opposer; mais c'est précisément ces armes, c'est son influence qu'elle paie plus encore que sa faiblesse, depuis la chute du premier homme dont on l'a savamment rendue responsable, jusqu'à celle des Gouvernements qui n'ont jamais cessé de la redouter. Soyons sincères : la femme a toujours eu contre elle la tradition gouvernementale et. par conséquent. la législation ; la loi Salique est autre chose que la loi du plus fort. l'histoire la présente comme une loi de salut public. Pourquoi?

A tout Gouvernement d'autorité, l'influence de la femme est suspecte ; elle est un danger aux yeux du chef d'armée, et par conséquent aux yeux du Souverain. Cette défiance se répand du haut en bas : cherchez la femme! C'est elle, toujours elle que l'autorité trouve ou soupçonne sur son chemin. Comment concilier la toute puissance d'un Pape, d'un Sultan ou d'un Napoléon Ier, lequel demande à l'homme d'être sa chose et d'abdiquer entre ses mains sa volonté et celle des siens, « comme le cadavre entre les mains du baigneur », comment concilier la Raison d'Etat, en un mot, avec la résistance occulte de la femme qui représente l'esprit de famille, l'enfant, l'amour, l'attachement au foyer? Un bon général en campagne n'admettait pas qu'un soldat fît des économies et témoignât ainsi de son goût pour la vie ; le meilleur soldat pour un conquérant était le plus mauvais sujet. Ainsi s'explique, (sans parler du langage des camps et des mœurs de corps de garde), le mépris systématique sous lequel le fanatisme militaire abaisse la femme. L'exaltation du mysticisme ou de l'ambition commence invariablement par faire litière de la femme, de l'enfant et de la famille. Il n'y a pas de plaisanteries assez lourdes pour disqualifier le père de famille, les vertus de famille, c'est-à-dire indirectement la femme, sous un régime de domination ; toute domination gouvernementale, toute politique d'aventures et de conquête est inconcevable dans un pays où la femme serait libre ; de là la nécessité de la réduire systématiquement au silence, bien plus encore que de l'exploiter ; qu'elle obéisse et laisse faire : c'est là son premier devoir. En Orient, en Italie, en Espagne la tradition religieuse et latine le lui impose ; en France la tradition classique s'aggrave des traditions de Louis XIV et de Napoléon. Toute notre éducation française, depuis l'institution des nourrices et de l'internat, jusqu'à la caserne, sépare le fils de sa mère et de ses parents ; songez à ce que devenait un fils après sept années de service militaire obligatoire !

A défaut du simple bon sens, notre littérature atteste que le vrai péril Gouvernemental, l'obstacle à l'esprit de conquête c'est la femme. On nous rebat les oreilles de lamentations contre l'anti-militarisme français ; on y voit volontiers un produit nouveau, une des fleurs funestes du régime républicain ; c'est une erreur ; l'antimilita-risme est plus bruyant en France qu'ailleurs, comme toutes nos querelles ; notre régime de libre discussion a ses excès comme ses avantages ; mais l'antimilitarisme existe autant et plus en Alle-

magne, en Angleterre, en Russie que chez nous;
il n'a rien à voir avec la forme du Gouvernement;
il a toujours plus ou moins existé partout. Il n'en
est pas moins certain que tous les Français, toutes
les Françaises se lèveraient, comme sous la Révo-
lution, pour défendre le sol et les libertés natio-
nales, de même que toute mère se ferait tuer pour
défendre son enfant; la violence appelle la
violence et la révolte ; il n'y a pas besoin de
grandes phrases pour l'affirmer ni de beaucoup
de clairvoyance pour le comprendre, quand on
connaît la France; et c'est parce qu'il en est ainsi
que l'immense majorité de la population, répu-
gnant à porter chez les autres la guerre qu'elle
repousserait sur son territoire, ne veut plus des
guerres impériales, des guerres de conquête. Se
défendre oui; attaquer non; telle est la doctrine
de la France républicaine; tel est le sentiment
national que la femme partage au plus haut degré
avec l'homme; sur ce point l'accord est complet,
déclaré, entre elle et lui; il est naturel dans un
pays civilisé; il n'en était que plus redouté jadis.
On ne pouvait empêcher, il est vrai, le peuple de
penser intérieurement comme la femme, mais on
l'entraînait ; et puis il n'avait pas voix au cha-
pitre ; tandis que la femme ! là était le danger.
Personne ne l'a mieux montré que Corneille ;
trouvez une femme qui tienne un langage plus
inquiétant que celui de Sabine en présence du
combat décisif des Horaces et des Curiaces ; plus

violemment antipatriotique que celui de Camille.
Sabine s'écrie avant le combat :

Je suis Romaine hélas, puisque Horace est Romain....

Mais elle se réserve, elle garde

Ses larmes aux vaincus et sa haine au vainqueur.

Quant à Camille, comment accueille-t-elle son
frère victorieux ?

Rome l'unique objet de mon ressentiment,

. . . .

Rome, enfin, que je hais..........
Puissent tous ses voisins ensemble conjurés
Saper ses fondements encor mal assurés !!...

. . . .

Voir le dernier Romain â son dernier soupir
Moi seule en être cause et mourir de plaisir !..

Chacun sait par cœur ses imprécations. Camille
oublie tout, père, mère, patrie, parce que la
guerre donne la victoire à son frère et lui enlève
son amant. Voilà son blasphème séditieux, contre
l'armée, contre l'Etat ! Et ce crime révolutionnaire
elle le paie aussitôt de sa vie :

.... Ainsi reçoive un châtiment soudain
Quiconque ose pleurer un ennemi Romain !

Camille est antimilitariste, antipatriote autant
qu'on peut l'être ; et elle est née sous Louis XIV !
Elle est née, non pas seulement du génie de Corneille, mais de ce qu'il y a de plus émouvant au

monde : le cœur de l'Humanité. Fille, sœur, amante, épouse, femme enfin, elle a pour éternelle mission de concilier les incompatibilités que l'ignorance ou le calcul gouvernemental oppose les unes aux autres ; elle démontre par son effort incessant, par son succès paradoxal, que toutes les raisons d'Etat ne valent pas contre les lois de la Nature. Une femme a épousé un étranger ; mais quelque caprice politique, quelque combinaison diplomatique imprévue font de cet étranger son ennemi ou du moins l'ennemi de son pays ; ses enfants et son mari prennent les armes et vont combattre ses parents, ses frères à elle ; ils partent de « chez elle » pour aller « chez elle » brûler sa maison natale, porter la malédiction et la ruine en échange des joies et de la vie qu'elle a données. Lui demandera-t-on aujourd'hui, comme il y a des siècles, de rester insensible, résignée, impuissante ? Non, de toutes les forces légitimes qui se combattaient mais qui bientôt s'associeront en elle, de toutes les forces de son amour conjugal, maternel, fraternel, filial, elle protestera... Et qu'on ne dise pas : « tant pis pour elle ! pourquoi a-t-elle épousé un étranger ? » puisque tant de souveraines lui ont donné l'exemple, ont abandonné pour un trône leur patrie et leur religion. Aujourd'hui cette femme existe ailleurs qu'au théâtre et dans le passé ; elle est légion ; qu'on y prenne garde, la solidarité dont je parlais tout à l'heure est sensible surtout chez les femmes, et la révolte de Camille reste une expression vivante, française, romaine, allemande, internationale, humaine plus que jamais. Les imprécations de Camille ne tombent plus aujourd'hui sur le public glacé des grands seigneurs; elles vont droit au cœur du peuple; elles se récitent dans les écoles, elles se transmettent de maison en maison, sans qu'on y pense ; elles font réfléchir, pénétrent les âmes, tandis qu'on s'imagine faire quelque chose en condamnant des violences de langage beaucoup moins inquiétantes. Qu'elle manifeste plus ou moins, la femme en vient à examiner si la Raison d'Etat vaut le sacrifice de ce qu'elle a de plus cher au monde; en d'autres termes, l'amour, la pitié, la faiblesse du plus grand nombre, toutes ces « raisons que la Raison ne comprend pas », se mobilisent contre la soi disant Raison d'Etat.

La femme répand aujourd'hui son influence, d'accord avec celle des peuples, d'accord avec la musique, l'art, la science, dont l'action également incessante est insaisissable et universelle ; et cette influence de la femme, — à part quelques précieuses ridicules, mannequins d'osier, poupées, caricatures inévitables et négligeables, — travaille secrètement, — comme Jeanne d'Arc jadis s'est révoltée ouvertement, — contre la guerre.

Voilà, je le répète, une des raisons pour lesquelles l'influence de la femme a toujours été combattue et l'est encore et le sera longtemps, par tous les moyens, non seulement législatifs ou publics, mais les plus hypocrites, les plus bas, notamment par la corruption.

Dominer, exploiter, reléguer la femme au second plan, ce n'est pas assez; l'ensevelir sous les fleurs et la dégrader voilà le moyen de la réduire à l'impuissance et de lui enlever jusqu'au droit et jusqu'au désir de se plaindre. Cette corruption est encouragée, bien entendu, par tous ceux qui en profitent, à commencer par les riches « fils à papa » qui ont à jeter leur gourme, comme on dit chez nous; il faut bien que « jeunesse se passe » ; la jeunesse des uns aux dépens de la jeunesse des autres, bien entendu; et ainsi tout un système plus ou moins inconscient de corruption venant d'en haut, venant de ceux qui devraient donner l'exemple; vous voyez de grandes compagnies s'enrichir de l'industrie pornographique comme les Villes, comme l'Etat s'enrichit de l'alcoolisme dans tous les pays; nous prêchons l'abstinence, nous dénonçons le poison mais nous le vendons.

C'est naturellement la jeunesse sans défense qui est victime et non pas la jeunesse dorée; par millions tombent les jeunes filles, encore des enfants, dans le piège qui leur est tendu; à la porte de l'usine et de l'atelier une littérature spéciale, illustrée, guette leur isolement et leur détresse pour les dépraver au gré du plus fort, à la faveur de l'indifférence des honnêtes femmes qui restent chez elles et du peuple qui ne sait pas.

Et l'on s'étonne qu'en revanche, avant d'être balayées au ruisseau, condamnées comme viande gâtée, quelques révoltées arment les apaches contre « le Bourgeois! »

..

Les femmes n'ont pas pu, pas voulu ou pas su s'organiser jusqu'à présent pour se défendre; leur abstention a naturellement encouragé l'erreur de l'homme, mais le temps arrive où la force des choses les rapprochera et leur victoire est certaine. Ce n'est plus qu'une question de temps.

/ Loin d'être un élément anarchique, l'influence de la femme sera notre salut dans la Société, comme elle est notre salut dans la famille.

J'ai plusieurs fois mal tourné, en commençant par sept années d'internat au collège où je n'ai rien fait; ailleurs encore par la suite; mon éducation a été faite et refaite par ma mère veuve, par mes sœurs, par ma femme; je le disais un jour devant des amis en Amérique; ils me reprirent en ajoutant : attendez qu'elle soit complétée par vos filles!

C'est la femme qui nous apprend le courage *viril,* le courage qui sourit au malheur et qui ne s'arrête qu'à la mort; c'est la femme qui nous apprend la vraie discipline, non pas celle que nous imposons aux autres, mais celle que nous acceptons.

Soyons humains, là est le meilleur service à

rendre à notre patrie; respectons les faibles; voilà notre point d'honneur, le véritable patriotisme, et le plus habile, car c'est le seul dont notre pays soit sûr de recueillir tôt ou tard des fruits. Le reste est barbarie; l'avenir de notre pays, quel qu'il soit, est dans le respect du droit d'autrui, le droit du plus faible et non pas seulement le droit du plus fort.

La justice internationale ne sera qu'un rêve, interrompu par de sanglants réveils, aussi longtemps que la justice intérieure, le respect de la femme, le respect de l'enfant, le respect du peuple ne sera pas dans nos cœurs.

La paix ne résultera que d'une seule victoire, celle que nous remporterons sur nous-même.

D'ESTOURNELLES DE CONSTANT.

UN RÉSULTAT DE LA CONFÉRENCE DE LA HAYE

Carte présentée par le Ministère des Affaires étrangères de France à l'Exposition de Londres (Mai-Octobre 1908)

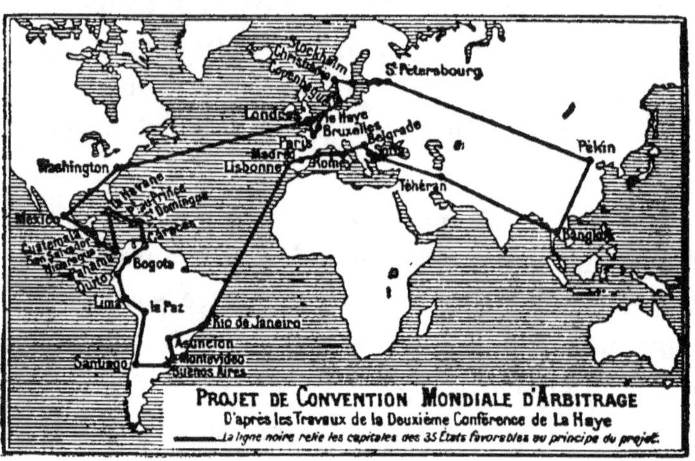

Edité par la CONCILIATION INTERNATIONALE, 78bis Avenue Henri-Martin, Paris

A la première Conférence de La Haye, en 1899, le principe de l'Arbitrage Obligatoire avait été posé mais écarté, faute d'une majorité pour le soutenir.

A la deuxième Conférence, en 1907, le même principe, posé de nouveau, est accepté cette fois par 35 Puissances sur 44 Puissances représentées.

Cette majorité, composée de toutes les Républiques Américaines et des États dont les capitales sont reliées entre elles sur cette carte, représente un milliard 285 millions d'habitants et constitue pour la première fois le bloc de la justice internationale et de la paix dans le Monde. La minorité composée de 5 opposants : l'Allemagne, l'Autriche-Hongrie, la Roumanie, la Grèce et la Turquie ; plus 4 abstentions : le Japon, la Suisse, le Monténégro et le Luxembourg, représente 222 millions d'habitants, soit un sixième de la majorité. — Encore les oppositions ou les abstentions ont-elles été motivées par des considérations d'opportunité et non *d'hostilité systématique*.

Il est donc vraisemblable que la troisième Conférence verra tous les Etats s'unir sans exception par un traité mondial d'arbitrage, comme ils le sont déjà par la convention postale universelle.

LA FLÈCHE. — IMPRIMERIE CHARIER-BEULAY.